DIREITOS DOS TRABALHADORES

Edição e diagramação:	Carochinha Editorial
Redação:	Rafael Tadashi e Viviane Campos
Preparação:	Cecília Madarás
Revisão:	Fernanda Almeida Umile e Elvira Castañon
Consultoria:	Elaine de Moura Olcese, advogada, atuante nas áreas cível e empresarial
Capa:	Fernando Mello
Foto da capa:	Christine Balderas/Getty Images

Todos os direitos reservados
© 2011 Editora Melhoramentos Ltda.

Obra conforme o Acordo Ortográfico da Língua Portuguesa

Os editores não mediram esforços para que as informações deste livro fossem apuradas com o maior rigor possível e atualizadas até o momento da publicação. Porém, como as leis estão frequentemente sujeitas a mudanças, em caso de dúvida, recomenda-se consultar um advogado e verificar a legislação vigente.

Editora Melhoramentos

Direitos dos trabalhadores. São Paulo: Editora Melhoramentos, 2011.
(Seus Direitos)

ISBN 978-85-06-06386-6

1. Direitos e garantias constitucionais. 2. Trabalhador – Direitos e deveres. I. Série.

342.7

Índices para catálogo sistemático:
1. Direitos e garantias constitucionais do cidadão   342.7
2. Trabalhador – Direitos e deveres   34:331
3. Direito do Trabalho   34:331
4. Trabalho – Emprego – Organização do trabalho   331

Atendimento ao consumidor:
Caixa Postal 11541 – CEP 05049-970
São Paulo – SP – Brasil
Tel.: (11) 3874-0880
www.editoramelhoramentos.com.br
sac@melhoramentos.com.br

Impresso no Brasil
Gráfica Ave Maria

Sumário

Direitos trabalhistas: uma conquista histórica	5
A contratação e a jornada de trabalho	9
Formas de trabalho	19
Trabalho doméstico	21
Trabalho temporário	22
Trabalho rural	23
Trabalho autônomo	24
Trabalho eventual	25
Trabalho do menor	25
Estágio	26
A remuneração	29
Férias, licença-maternidade e dispensa	39
Férias	41
Licença-maternidade	43
Dispensa	45
Aviso-prévio	48
Seguro-desemprego	50
Faltas	51
Fundos e garantias	53
Previdência Social	55
FGTS	56
Abono do PIS	58
Acidentes de trabalho	59
Assédio moral	59
Assédio sexual	60
Direito sindical	61
Saiba mais	64

Direitos trabalhistas: uma conquista histórica

Este livro tem como objetivo oferecer informações sobre os direitos e deveres dos trabalhadores, como as garantias de remuneração e salário, contratos e tempo de jornada, férias, demissões, aviso-prévio, previdência social e licença-maternidade, entre outros temas de interesse dos trabalhadores.

Vale lembrar que os direitos dos trabalhadores são conquistas históricas, concretizadas por meio de lutas e reivindicações ao longo do tempo. Até o advento da Revolução Industrial, não existiam direitos trabalhistas como são concebidos hoje; por longos períodos, e em muitos lugares, predominaram regimes de escravidão ou servidão. No último, empregados rurais ofereciam seus serviços em troca de moradia, alimentação e proteção.

Com a Primeira Revolução Industrial na Inglaterra, no século XVIII, o trabalho assalariado passou a predominar nas relações trabalhistas; os direitos, no entanto, eram insignificantes ou inexistiam em determinados locais. Os salários eram muito baixos e as jornadas diárias de trabalho chegavam a ultrapassar

14 horas, com a exploração de mulheres e crianças. Os operários eram agrupados em grandes fábricas sob condições insalubres.

O primeiro movimento significativo organizado pelos operários por melhores condições de trabalho surgiu na Inglaterra, ainda no começo do século XVIII, e defendia a destruição das máquinas, consideradas responsáveis pelo desemprego e pela miséria. Anos mais tarde, na Inglaterra, autorizou-se a formação de associações operárias, que se tornaram os primeiros sindicatos. Foi quando surgiram as greves trabalhistas, principalmente na indústria têxtil.

As primeiras leis trabalhistas foram criadas por volta de 1840, na Inglaterra e França, sendo adotadas posteriormente por países europeus como Áustria e Suíça. Essas normas tinham como objetivo limitar a jornada de trabalho a no máximo dez horas.

No Brasil, as primeiras leis relativas a trabalho surgiram no fim do século XIX, por volta de 1890. A primeira Constituição Federal brasileira a conter normas do direito trabalhista foi a de 1934, durante o Estado Novo de Getúlio Vargas, que criou a Justiça do Trabalho. Na Constituição de 1934, proibiu-se o trabalho infantil e institui-se um salário mínimo que fosse capaz de suprir as necessidades básicas. Foram decretadas a obrigatoriedade do repouso semanal, das férias remuneradas, das assistências médica e odontológica, e a indenização para trabalhadores demitidos sem justa causa, além da permissão para a criação de sindicatos. Nove anos mais tarde, em 1943, as leis relativas ao trabalho foram sistematizadas na Consolidação das Leis do Trabalho (CLT).

Embora todas as Constituições Federais brasileiras após 1934 (1937, 1946, 1967 e 1988) contemplassem normas de direito do trabalho, a de 1988 (em vigor atualmente) é considerada a mais abrangente, pois garante aos trabalhadores a redução da jornada semanal de trabalho para 44 horas, adicional de horas extras, acréscimo de um terço da remuneração nas férias, estabilidade de emprego às gestantes, proibição da redução de salários (exceto se houver negociação coletiva), entre outros direitos. Desde então, houve novas conquistas, como a licença-maternidade, que em setembro de 2008 passou de 120 para 180 dias nas empresas públicas. Nas empresas privadas, o acréscimo de 60 dias na licença ainda é facultativo, mas, em agosto de 2010, o Senado Federal aprovou a proposta de 180 dias para a iniciativa privada. O projeto seguiu para a Câmara dos Deputados, onde precisa ser aprovado em dois turnos. Se aprovado, todas as gestantes, independentemente de serem funcionárias públicas ou privadas, terão direito a 180 dias de afastamento.

A modificação na licença-maternidade é um sinal de que as leis brasileiras estão sendo revisadas de maneira a atender às necessidades da população e ampliar seus direitos.

Confira a seguir os principais direitos e deveres do trabalhador que serão apresentados nesta obra. Para mais informações, consulte os sites de apoio indicados ao final do livro.

Principais direitos e deveres do trabalhador

- Carteira de trabalho assinada desde o primeiro dia de trabalho;
- Remuneração paga até o quinto dia útil do mês;
- Repouso semanal remunerado (um dia de folga na semana);
- Exames médicos de admissão e demissão;
- Férias remuneradas de 30 dias após 12 meses trabalhados, com adicional de um terço de férias sobre o valor do salário;
- Vale-transporte com desconto máximo de 6% do valor do salário;
- Décimo terceiro salário, com a primeira parcela paga até 30 de novembro e segunda parcela, até 20 de dezembro;
- Licença-maternidade de 180 dias (para funcionárias de empresas públicas e de privadas que aderiram à lei de setembro de 2008) e 120 dias (para funcionárias de em-

presas privadas que não aderiram à lei), com estabilidade no emprego até cinco meses após o parto;
- Licença-paternidade de cinco dias corridos a contar do dia do nascimento do filho;
- Depósito de 8% do valor do salário em conta bancária atrelada ao Fundo de Garantia do Tempo de Serviço;
- Garantia de 12 meses em caso de acidente de trabalho;
- Horas extras pagas com adicional de 50% sobre o valor da remuneração normal;
- Adicional noturno de 20% sobre o valor da remuneração normal para quem trabalha no período entre 22 horas e 5 horas;
- Ausência ao trabalho em casos como casamento (três dias), convocação para trabalhar em eleições (dois dias), morte de parente próximo (dois dias), doação de sangue (um dia, uma vez por ano), problema de saúde comprovado por atestado médico;
- Aviso-prévio de 30 dias, quando demitido;
- Seguro-desemprego.

A contratação e a jornada de trabalho

Carteira de Trabalho e Previdência Social

A Carteira de Trabalho e Previdência Social (CTPS) é o documento de identificação do trabalhador, no qual consta todo o seu histórico de trabalho: as empresas para as quais prestou serviços, qual o período de duração dos contratos de trabalho, as remunerações recebidas, os recolhimentos de contribuições sindicais, entre outras anotações.

É fundamental preservar a Carteira de Trabalho sem rasuras, pois esse documento serve para assegurar o futuro do trabalhador e dos seus dependentes. É proibido alterar as anotações feitas pelos empregadores ou trocar a fotografia da Carteira de Trabalho.

Como obter a CTPS

Para obter a Carteira de Trabalho e Previdência Social, é preciso dirigir-se ao Ministério do Trabalho e Emprego ou

órgãos conveniados, como prefeituras e postos de atendimento ao trabalhador, e levar os seguintes documentos:
- uma foto 3x4;
- carteira de identidade (RG);
- cadastro de Pessoa Física (CPF);
- título de eleitor.

Registro

A legislação brasileira obriga o empregador a fazer o registro de todos os empregados em fichas, livros ou sistema eletrônico (artigo 41 da CLT). Assim, a Carteira de Trabalho é documento do empregado, enquanto o registro é documento do empregador e serve para consultas e fiscalizações trabalhistas da Delegacia Regional do Trabalho. Embora seja comum fazer as anotações na Carteira de Trabalho e no registro no mesmo momento, a lei estabelece (artigo 29 da CLT) que esta pode receber as devidas anotações em até 48 horas, mas o registro deve ser realizado antes do início da prestação de serviços.

Anotações obrigatórias

Para que a Carteira de Trabalho possa servir como documento de comprovação dos serviços prestados pelo trabalhador, são obrigatórias anotações como:

a) data de admissão no emprego;

b) data de demissão;

c) remuneração inicial e atualização de alterações no salário (aumentos, dissídios, promoções, méritos etc.);

d) função para a qual foi contratado(a) e eventuais alterações de função.

Contrato de trabalho

O contrato de trabalho é um acordo entre o empregado e o empregador que visa a regulamentar a prestação de serviços ou execução de obras de forma pessoal e subordinada (cumprindo ordens), por prazo determinado ou indeterminado, mediante o pagamento de uma remuneração. Esse acordo pode ser ajustado por escrito ou de maneira verbal, ou seja, a lei não exige que seja formalmente expresso.

Ajuste expresso escrito: é o contrato de trabalho feito de forma escrita, ou seja, há um documento que comprova a relação entre empregado e empregador.

Ajuste expresso verbal: contrato firmado pela simples troca oral de palavras. Por se tratar de um acordo de vontades, obriga empregado e empregador às condições combinadas e tem efeitos jurídicos em caso de processo trabalhista.

Ajuste tácito: não há palavras verbais nem escritas, apenas um comportamento que caracteriza uma relação de trabalho. Por exemplo, uma pessoa pede à outra autorização para fazer a manutenção do jardim de sua casa em troca de certa quantia em dinheiro. Volta no dia seguinte e faz o mesmo pedido, novamente aceito. Se essa situação for contínua, habitual e subordinada, automaticamente caracteriza uma relação de trabalho ajustada de maneira tácita.

▌Contrato de experiência

O contrato de experiência tem como objetivo permitir que o empregador, durante determinado período de tempo, verifique as capacidades do empregado e possa dispensá-lo caso não esteja apto para o serviço ou o contrate por prazo indeterminado. O prazo mais usual no Brasil para o contrato de experiência é de 45 dias, podendo ser prorrogado pelo mesmo período e não podendo ultrapassar o limite de 90 dias (somada a prorrogação).

▋ Contrato de trabalho por prazo determinado

O contrato de trabalho por prazo determinado é aquele que tem a data de início e término previamente combinada entre empregado e empregador. O prazo pode ser prorrogado de comum acordo até o limite máximo de dois anos. Caso o contrato seja extinto, mas o empregador queira manter o trabalhador, pode admiti-lo como funcionário por prazo indeterminado ou aguardar seis meses após a dispensa para firmar novo contrato por prazo determinado. Se o contrato for prorrogado além dos dois anos, transforma-se automaticamente em contrato por prazo indeterminado.

Jornada de trabalho

Por jornada de trabalho o Direito Trabalhista Brasileiro entende o espaço de tempo em que o empregado estiver prestando serviços ao empregador ou estiver à sua disposição, mesmo que apenas aguardando ordens sobre o que deve fazer. A duração da jornada de trabalho não deve ultrapassar oito horas diárias, totalizando, no máximo, 44 horas semanais (artigo 7º, inciso XIII, da Constituição Federal). Já empregados que trabalham em turnos ininterruptos e de revezamento, no mesmo local, devem ter jornada de trabalho diária de seis horas, no máximo.

▋ Sobreaviso e prontidão

O tempo em que o empregado fica à disposição do empregador para substituição de empregados ausentes ou para execução de serviços imprevistos, em sua própria casa, mesmo que não esteja executando serviço, é chamado de sobreaviso. A escala de sobreaviso deve ser de no máximo 24 horas, e o trabalhador deverá receber um terço da remuneração normal pelas horas em que ficou de sobreaviso.

É importante ressaltar que só se caracteriza o sobreaviso quando a liberdade do empregado de dispor do próprio tempo está limitada mediante comunicado prévio do empregador de que ele deve permanecer em estado de alerta, pois pode ser chamado ao trabalho.

Já a prontidão, que tem regras semelhantes ao sobreaviso, ocorre quando o empregado fica nas dependências da empresa aguardando ordens de serviço – período que não deve ultrapassar 12 horas.

O artigo 244, parágrafo 2º, da CLT, é que trata do tema sobreaviso e prontidão. Embora esse dispositivo da lei aborde o direito apenas para trabalhadores ferroviários, existem leis específicas sobre o tema para outras categorias, bem como julgamentos (jurisprudência) de Tribunais que decidiram que é possível fazer uma analogia entre os ferroviários e demais trabalhadores.

No entanto, fazendo-se uma leitura do artigo 244, parágrafo 2º, da CLT, em conjunto com a atual e avançada tecnologia de comunicação, pode-se concluir que o sobreaviso não mais corresponde à realidade do trabalhador que tenha de ficar em sua residência, no aguardo de ordens, por meio de escala. Representa, muito mais, a limitação do tempo alheio à jornada, pela ampliação do poder de comando do empregador, mesmo em caráter atenuado.

Ônus da prova

Se houver processo judicial para o recebimento de horas supostamente trabalhadas, quem deve provar se o empregado trabalhou ou não é o empregador, conforme a Súmula nº 338 do Tribunal Superior do Trabalho (TST). Ou seja, é a empresa que deve juntar ao processo os comprovantes de horários cumpridos ou não pelo funcionário. Testemunhas são aceitas no processo, mas, se o empregador não tiver provas, será aceito o pedido do empregado.

▌Compensação de horas

O sistema de compensação de horas é um acordo feito entre o empregado e o empregador para que as horas trabalhadas a mais em um dia sejam deduzidas em dias futuros, sem que configurem horas extras, ou as horas que não forem trabalhadas sejam repostas.

Segundo o artigo 59, parágrafo 2º, da CLT, a compensação de horas deve ser firmada por escrito, por acordo ou convenção coletiva de trabalho.

Caso o contrato de trabalho seja encerrado sem a compensação das horas trabalhadas, o empregador deverá pagá-las ao trabalhador com base no valor da remuneração na data da rescisão do contrato.

▌Horas extras

Todas as horas trabalhadas além do limite de jornada estabelecido por lei e pelo contrato de trabalho são consideradas horas extras. A legislação permite que os trabalhadores excedam em, no máximo, duas horas a jornada de trabalho. Por exemplo, se um empregado trabalha oito horas diárias, poderá fazer mais duas horas extras, totalizando dez horas, desde que em caráter extraordinário e feito em acordo individual (entre empregado e empregador), acordo coletivo ou convenção coletiva (realizados pelos sindicatos da categoria ou entre os funcionários e a empresa).

A remuneração das horas extras tem algumas normas específicas. Veja a seguir quais são:
- a remuneração deve ser, no mínimo, 50% superior ao valor da hora normal de trabalho;
- mesmo se a prorrogação das horas ultrapassar o que é previsto legalmente (até duas horas a mais na jornada diária), a remuneração é devida ao empregado;
- os valores recebidos como horas extras devem integrar o aviso-prévio.

Casos excepcionais

Algumas situações excepcionais permitem que o funcionário ultrapasse o limite de duas horas extras, como força maior (em casos de incêndio, inundação etc.) e serviços inadiáveis (alguns exemplos: motorista de ônibus que excedeu as horas, mas ainda não chegou ao destino, ou empregado que trabalha com produtos perecíveis que devem ser guardados em refrigeradores).

Formas de trabalho

Trabalho doméstico

São considerados trabalhadores domésticos aqueles maiores de 16 anos que prestam serviços de forma contínua e de finalidade não lucrativa, em residência de pessoa ou família. Nessa categoria estão incluídos faxineiros, cozinheiros, vigias, governantas, babás, motoristas, jardineiros, acompanhantes de idosos etc. Caseiros também são considerados trabalhadores domésticos, desde que o sítio, chácara, fazenda ou local onde trabalham não tenha finalidade lucrativa, ou seja, produção comercial.

A Constituição Federal de 1988 concedeu diversos direitos aos empregados domésticos. Conheça os principais:
- anotação na Carteira de Trabalho e Previdência Social;
- salário-mínimo;
- décimo terceiro salário;
- repouso semanal remunerado, preferencialmente aos domingos;
- proibição de redução do valor do salário;

- férias anuais remuneradas com acréscimo de pelo menos um terço do valor do salário a mais no pagamento;
- pagamento de contribuição à Previdência Social feito pelo empregador em nome do empregado;
- aposentadoria por tempo de serviço.

Novos direitos

Em 2006, os trabalhadores domésticos ganharam novos direitos (Lei nº 11.324), como a estabilidade para as domésticas gestantes, a remuneração em dobro para trabalhos prestados em feriados (civis ou religiosos), e a proibição de descontos no salário por causa de moradia, alimentação e produtos de higiene usados no local de trabalho e que sejam em razão do trabalho.

Trabalho temporário

A proximidade de datas comemorativas como Natal, Páscoa, Dia das Mães e dos Pais, Dia dos Namorados aumenta a procura por produtos e serviços específicos. Assim, estabelecimentos comerciais e indústrias precisam aumentar a quantidade de mão de obra para atender à demanda dos consumidores. Como consequência, surgem diversas vagas de trabalhos temporários (com prazo para começar e terminar).

Conheça agora os principais direitos dos trabalhadores temporários:
- anotação na Carteira de Trabalho e Previdência Social;
- a remuneração deve ser igual à dos empregados efetivos;
- jornada de oito horas diárias, remuneradas, com 20% de acréscimo, às horas extras trabalhadas – que não podem ultrapassar duas horas além da jornada normal;
- jornada máxima de oito horas diárias;
- repouso semanal remunerado de um dia, desde que cumprida a jornada semanal integralmente;
- vale-transporte e vale-alimentação;
- décimo terceiro salário proporcional;

- férias proporcionais com adicional de um terço do valor do salário;
- adicional de 20% sobre o valor do salário em casos de trabalho noturno (das 22 horas às 5 horas), insalubridade e/ou periculosidade;
- depósito do FGTS de 8% do valor do salário;
- registro no Livro/Ficha de Registros de Empregados e anotação na Carteira de Trabalho na condição de trabalhador temporário;
- seguro contra acidentes de trabalho;
- contrato de três meses, renovável por mais três meses.

Os direitos e garantias dos trabalhadores temporários estão estabelecidos na Lei n° 6.019/74.

Trabalho rural

Toda pessoa que presta serviço habitual, subordinado (recebe ordens), em propriedade rural e para empregador rural, mediante o recebimento de remuneração fixa, é trabalhadora rural. A jornada de trabalho do empregado rural é de oito horas diárias e 44 horas semanais, sendo que a prorrogação da jornada (horas extras e compensação de horas) segue as mesmas determinações do trabalhador urbano. No entanto, para o trabalhador rural, em qualquer trabalho contínuo de duração de mais de seis horas, é obrigatório intervalo para repouso ou alimentação, observados os costumes da região (não há mínimo e máximo como para o trabalhador urbano), e, entre duas jornadas de trabalho, deve haver um período mínimo de 11 horas consecutivas para descanso.

Conheça os principais direitos do trabalhador rural:
- anotação na Carteira de Trabalho e Previdência Social;
- FGTS;
- garantia de salário, que não pode ser inferior ao salário-mínimo, mesmo no caso daqueles que recebem remuneração variável (ganho por safra, por exemplo);

- piso salarial proporcional ao trabalho;
- seguro-desemprego em caso de desemprego involuntário;
- décimo terceiro salário tendo como base a remuneração integral;
- repouso semanal remunerado, preferencialmente aos domingos;
- férias anuais remuneradas com adicional de, no mínimo, um terço a mais do que o salário normal;
- licença-maternidade com duração de 120 ou 180 dias e sem prejuízo do emprego e do salário;
- aposentadoria;
- adicional noturno de no mínimo 25% na remuneração para trabalhos diurnos;
- aviso-prévio proporcional ao tempo de serviço, com direito a um dia por semana;
- assistência gratuita em creches e pré-escolas para filhos e dependentes, desde o nascimento até os 6 anos de idade;
- igualdade de direitos para trabalhadores com contrato permanente e trabalhadores avulsos (aqueles contratados por safra, por exemplo).

Trabalho autônomo

Trabalhador autônomo é aquele que exerce sua atividade profissional remunerada, por conta própria (sem subordinação), sem vínculo empregatício com a pessoa que o contrata e que assume os riscos da atividade desenvolvida. São exemplos de trabalhadores autônomos os profissionais liberais – médicos, dentistas e advogados, que têm consultórios e escritórios próprios. Na legislação brasileira, as normas que tratam do trabalhador autônomo estão previstas como contrato de prestação de serviços (artigos 539 a 609 do Código Civil).

Para conseguir benefícios fiscais (redução no pagamento de impostos), o trabalhador autônomo, mesmo que não tenha um estabelecimento comercial, mas tenha endereço, e desde que não esteja impedido por lei ou estatuto de sua categoria profissional, como é o caso dos advogados, pode se inscrever na Junta Comercial como empresário individual (Lei nº 8.934/94).

Trabalho eventual

Como o próprio nome deixa claro, trabalhador eventual é aquele que não é fixo, ou seja, que é admitido apenas para trabalhar em um evento específico, para determinada obra, acontecimento ou serviço. Terminado o evento, o trabalhador é automaticamente desligado; não há relação de emprego. São exemplos de trabalhador eventual a diarista que esporadicamente faz serviços de faxina em casa de família, o boia-fria que a cada dia trabalha em uma propriedade rural, o pintor, o encanador e o "chapa" que faz carga e descarga de caminhões.

Trabalho do menor

Para o direito trabalhista, o menor trabalhador é quem tem de 14 a 18 anos e presta serviços subordinados (atendendo ordens de alguém), contínuos e remunerados. A duração da jornada de trabalho, o salário e os intervalos e descansos são os mesmos do empregado maior. No entanto, o menor está sujeito a algumas proibições, como: fazer expediente noturno; trabalhar em ambiente insalubre, com periculosidade ou que possa prejudicar a moralidade; trabalhar em ruas, praças e outros locais públicos (exceto se houver autorização prévia do juiz de menores); ou exercer função que exija força muscular superior a 20 quilos (se for contínuo) ou 25 quilos (se esporádico).

O menor de 16 anos não pode trabalhar como empregado, sendo permitido o seu trabalho apenas na condição de aprendiz e a partir dos 14 anos de idade. Além de contribuir com seus serviços, o menor aprendiz deve receber formação técnico-profissional, oferecida pelo empregador.

Trabalho do menor e estudos

Apesar de permitir o trabalho do menor, a lei estabelece algumas normas para garantir a proteção aos estudos. Assim, é dever dos pais afastar filhos menores de idade de emprego que comprometa as horas de estudo (artigo 427 da CLT); as férias do emprego devem coincidir com as escolares (artigo 136 da CLT); e a proibição de fracionamento das férias, ou seja, elas precisam ser integrais, concedidas de uma vez só (artigo 134, parágrafo 2º da CLT).

Estágio

O contrato de estágio não é considerado, pela legislação brasileira, uma relação de emprego, mas um contrato de qualificação profissional que tem como objetivo a formação profissional e pedagógica do estagiário (Lei nº 11.788/08).

Estagiário é o estudante que atua profissionalmente para complementar seus estudos de maneira mais prática e menos teórica. Ou seja, o trabalho destinado a um estagiário não pode ter o mesmo grau de dificuldade e exigência daquele atribuído a um empregado, mas deve apresentar problemas reais, do dia a dia do trabalho, para que o estagiário possa desenvolver-se.

Para que os estagiários não sejam contratados em número desproporcional, visando à mão de obra mais barata, a legislação impõe limites para o número de estagiários. Em uma empresa com cinco empregados é permitido um estagiário; se houver de seis a dez funcionários podem ser contratados dois estagiários; de 11 a 25 empregados, cinco estagiários; se o número de funcionários for maior que 25, até 20% do quadro de colaboradores da empresa podem ser de estagiários.

São direitos do estagiário: vale-transporte, recesso (período de descanso) proporcional ao período de estágio ou de 30 dias, se tiver estagiado por pelo menos um ano, bolsa ou outra forma de contraprestação combinada com o estagiário, e seguro contra acidentes.

Proteção ao idoso

Idosa é toda pessoa com 60 anos ou mais, de acordo com o Estatuto do Idoso (Lei nº 10.741/03), promulgado em 2003. O artigo 26 dessa lei estabelece garantia para a inserção dos idosos no mercado de trabalho: "O idoso tem direito ao exercício de atividade profissional, respeitadas as suas condições físicas, intelectuais e psíquicas".

O Estatuto do Idoso oferece diversas outras proteções a esses trabalhadores. Veja algumas delas:

a) proíbe a discriminação na admissão de emprego pelo fator idade e estabelece pena de reclusão para quem o fizer (artigo 96);

b) a idade deve ser o primeiro critério de desempate em concursos para a admissão de trabalhadores; se houver empate na seleção de empregados, os mais velhos devem ser admitidos;

c) proíbe a fixação de limite máximo de idade para a admissão, inclusive em concursos, exceto se o cargo exigir, por exemplo, empregado que necessite de vigor físico;

d) prevê a criação de programas de profissionalização especializada e preparação para a aposentadoria com antecedência de, no mínimo, um ano;

e) prevê estímulos às empresas privadas para admissão de idosos ao trabalho.

Além de direitos trabalhistas, o Estatuto do Idoso estabeleceu direitos e proteção a saúde, alimentação, educação, cultura, esporte, lazer, previdência social, assistência social, habitação, transporte, entre outros.

A remuneração

Salário e remuneração

Embora sejam sinônimos, salário e remuneração podem ser compreendidos de maneiras distintas. O salário é o valor que um trabalhador recebe pelos serviços prestados ao empregador; pode ser fixo ou variável, e pago por produção, tarefa ou tempo de execução. O conceito de remuneração é mais abrangente, englobando o salário-base e gorjetas, gratificações, adicionais, comissões, diárias para viagens em virtude do trabalho, participação nos lucros e resultados etc. Assim, a remuneração equivale à soma total recebida pelo empregado em decorrência da relação de emprego, e pode ser paga diretamente pelo empregador ou por terceiros.

Apesar de a remuneração poder ser definida como os excedentes que o empregado recebe além do salário-base, deve-se ressaltar que vales-refeição e alimentação, planos de saúde e odontológico, transporte, vestimentas e moradia em razão do serviço desempenhado compõem o salário e devem ser fornecidos gratuitamente pelo empregador, ou descontados do salário de acordo com a previsão da lei no caso de transporte e alimentação. Por exemplo, se um zelador ou caseiro recebe moradia, isso ocorre para que ele possa desempenhar seu trabalho da melhor maneira possível. Do mesmo modo, se a função exigir o uso de luvas, capacete e outros equipamentos de proteção, a empresa deverá arcar com o custo desses equipamentos.

Formas de pagamento do salário

A maioria dos trabalhadores recebe pelo tempo trabalhado, mas alguns empregadores adotam o salário por produção ou tarefa. Conheça as diferentes maneiras de calcular o pagamento.

Salário por tempo: é aquele que é pago considerando o tempo trabalhado ou que o empregado permaneceu à disposição do empregador (hora, dia, semana, quinzena e mês). Além de ser usado para o cálculo do salário, o tempo também serve como critério para a entrega do dinheiro ao trabalhador; ou seja, o mensalista recebe o salário uma vez por mês, o semanalista ganha por semana e o diarista, por dia trabalhado.

Salário por produção: tem como base de cálculo o número de unidades produzidas pelo empregado. Para cada unidade o empregador fixa um valor a ser pago semanal, quinzenal ou mensalmente. O total a receber é resultado do cálculo das unidades produzidas multiplicadas pelo valor unitário. A costureira que ganha por peça confeccionada é um exemplo de empregado que recebe por produção.

Salário por tarefa: assim como o salário por produção, o salário por tarefa também é calculado com base na produção de cada empregado, mas a economia de tempo traz vantagens para os trabalhadores mais rápidos. Assim, o funcionário pode ganhar um acréscimo no valor das tarefas que desempenhar ou pode ser dispensado quando terminar as tarefas a ele destinadas.

Meios de pagamento do salário

Em regra, o pagamento de salário deve ser feito em dinheiro, mas a legislação brasileira permite outras formas de pagamento, como cheque, depósito bancário e/ou utilidades.

Pagamento em dinheiro: geralmente, o salário deve ser pago em dinheiro. O pagamento tem de ser efetuado em moeda corrente do país (artigo 463 da CLT). A moeda estrangeira (dólar, por exemplo) pode ser utilizada apenas como base de cálculo, mas o pagamento deve ser convertido em moeda corrente (no Brasil, o real).

Pagamento em cheque: caso opte por pagar o salário do empregado em cheque, o empregador é obrigado a permitir o desconto imediato do cheque, bem como o pagamento de transporte para que o trabalhador possa se locomover até o estabelecimento de crédito (banco), caso seja necessário, e todas as condições para que não haja atraso no recebimento.

Pagamento em depósito bancário: o depósito do salário é permitido e deve ser feito em conta bancária em nome do empregado, em estabelecimento de crédito que fique próximo ao local de trabalho.

Pagamento em utilidades: o empregador pode pagar parte do salário em bens econômicos, como alimentação, habitação e bens de consumo, mas no mínimo 30% do salário deve ser pago em dinheiro. Algumas empresas adotam outras formas de pagamento em utilidades, como mensalidades escolares de filhos do empregado, fornecimento de automóvel e combustível, créditos para celulares, entre outros. Mas essas formas podem gerar problemas jurídicos, pois são mais difíceis de serem comprovadas.

Pagamento em notas promissórias: o pagamento em notas promissórias não é permitido no Brasil, pois prorroga a data do pagamento do salário e não é um título de crédito de fácil circulação.

Piso salarial

Estabelecido em convenções coletivas, o piso salarial é o valor mínimo que deve ser pago aos trabalhadores de uma categoria profissional. O piso é entendido por especialistas em Direito do Trabalho como um acréscimo sobre o valor do salário-mínimo, ou seja, jamais poderá ser inferior a este.

Proteção ao salário

Para garantir que o empregado receba o pagamento devido no tempo correto, e que o salário não possa sofrer alterações que o prejudiquem, a legislação brasileira estabelece algumas regras de proteção ao salário.

Periodicidade: o período máximo para o pagamento de salário é de um mês, com exceção de comissões e gratificações. Com isso, garante-se que os trabalhadores possam cumprir suas obrigações rotineiras, como o pagamento de contas de luz, telefone, aluguel, entre outros compromissos.

Alteração: a forma ou o modo de pagamento não podem sofrer alterações sem o consentimento do empregado e, mesmo que este concorde, serão nulas as alterações que o prejudiquem. Dessa maneira, as alterações precisam da concordância do trabalhador e devem sempre beneficiá-lo.

Redução: o salário tem valor irredutível, conforme o artigo 7º, inciso VI, da Constituição Federal. A única exceção que permite reduzir salários está prevista em casos de acordo ou convenção coletiva de trabalho, ou seja, firmada entre o sindicato que representa os empregados e o sindicato patronal. É o que ocorre, por exemplo, quando uma empresa precisa demitir funcionários para não falir e os próprios empregados optam pela redução de todos os salários, para que ninguém seja demitido.

Penhora: os salários não podem ser penhorados (apreendidos judicialmente), conforme o artigo 649, inciso IV, do Código de Processo Civil. A única exceção é para o pagamento de pensão alimentícia. Os salários são, em regra, impenhoráveis, porque se entende que são o meio de subsistência do empregado.

Prova de pagamento: a comprovação de pagamento do salário ao empregado deve ser feita por recibo ou comprovante de depósito bancário em conta aberta pela empresa, em nome do empregado, para esse propósito.

Descontos: em regra, o empregador não pode efetuar descontos no salário do empregado, mas tem o direito de compensar possíveis adiantamentos salariais que tenha efetuado. Os descontos permitidos por lei são as contribuições sindicais, imposto de renda, contribuições previdenciárias e outros mais específicos, como desconto para pagamento de custas judiciais (quando o empregado está envolvido em algum processo judiciário), desconto para pagamento de prestações alimentícias e retenção do salário por falta de aviso-prévio do empregado que pediu demissão. Caso o empregado autorize, também poderão ser descontadas mensalidades de planos odontológicos, médico-hospitalar, previdência privada, associação cultural, recreativa, pagamento de prestações ao Sistema Financeiro de Habitação, entre outras. Além disso, as convenções coletivas também podem prever outros descontos salariais.

Décimo terceiro salário

Denominado também de "gratificação natalina", o décimo terceiro salário é uma remuneração adicional no mesmo valor do salário mensal do empregado e tem natureza salarial – ou seja, é computado na remuneração utilizada como base para calcular eventuais indenizações quando o funcionário é dispensado.

Criado no Brasil em 1962, pela Lei nº 4.090, e alterado três anos depois pela Lei nº 4.749, ele deve ser pago em duas parcelas: a primeira entre os meses de fevereiro e novembro ou como complemento das férias, se o trabalhador assim optar, e a segunda até o dia 20 de dezembro. Caso seja despedido sem justa causa ou peça demissão, o empregado tem direito a receber o décimo terceiro salário proporcional aos meses trabalhados. Se despedido por justa causa, o trabalhador perde o direito ao benefício.

O décimo terceiro salário proporcional também é devido àqueles trabalhadores que tenham contrato com data de extinção pré-fixada, por exemplo empregados que trabalham por safra, como cortadores de cana-de-açúcar ou colhedores de laranja. Também é obrigatório o pagamento do benefício quando o vínculo empregatício se encerrar por aposentadoria do trabalhador.

Quem deve receber

Têm direito ao décimo terceiro salário todos os trabalhadores registrados em carteira profissional, urbanos ou rurais, funcionários públicos ou de empresas privadas, aposentados, pensionistas, trabalhadores avulsos e domésticos.

Repouso semanal remunerado

O repouso semanal remunerado nada mais é do que o direito que todo trabalhador tem de descansar ao menos um dia na semana (remunerado), de acordo com o artigo 7º, inciso XV, da Constituição Federal, e a Lei nº 605/49. No entanto, para que o repouso semanal seja remunerado, é necessário que o empregado tenha frequência integral no trabalho durante a semana.

O direito ao repouso semanal é obrigatório, ou seja, a lei não permite que o empregado disponha do descanso, mesmo que seja remunerado pelo dia que deveria ter descansado. A Lei nº 605/49, em seu artigo 9º, só autoriza a troca do descanso por remuneração em feriados (aliás, os feriados também são dias de repouso remunerados) e nas empresas em que as exigências técnicas não permitam a concessão do repouso.

O trabalho em dias que deveriam ser de repouso deve ser pago em dobro, pois se entende que é necessário remunerar as horas trabalhadas e as horas que deveriam ser de repouso (Súmula nº 146 do Tribunal Superior do Trabalho).

Vendedores e comerciários

Vendedores que ganham por comissão e não têm repouso semanal remunerado devem receber, além das devidas comissões no final do mês, o valor correspondente a um dia trabalhado por semana, representativo do repouso semanal remunerado (Súmula 27 do Tribunal Superior do Trabalho).

Embora a Lei nº 11.603/07 autorize o trabalho dos comerciários aos domingos, o repouso semanal remunerado deve, pelo menos uma vez no período máximo de três semanas, ser concedido em um domingo.

Férias, licença-maternidade e dispensa

Férias

Divididas em dois períodos (aquisitivo e concessivo), as férias têm como objetivo garantir ao trabalhador um tempo de lazer e repouso. O empregado que presta serviços durante 12 meses adquire o direito a 30 dias de férias remuneradas (período aquisitivo). O período concessivo, ou seja, aquele em que o empregador concederá as férias, compreende os 12 meses posteriores ao período aquisitivo. Assim, passados 12 meses de trabalho, o empregador deverá permitir que o empregado usufrua suas férias nos 12 meses seguintes, não podendo acumular dois períodos de descanso.

Para melhor aproveitamento das férias, o trabalhador tem direito a receber seu salário adiantado e com acréscimo de um terço do valor da remuneração que recebe mensalmente. Ele pode, ainda, solicitar o adiantamento da primeira parcela do décimo terceiro salário.

Embora a legislação brasileira estabeleça que a duração das férias seja de 30 dias ininterruptos, é permitido ao trabalhador, desde que com a concordância do empregador, fracionar o benefício em dois períodos, mas nenhum pode ser inferior a dez dias. O empregado também pode converter um terço dos dias de suas férias em pagamento em dinheiro (abono de férias), gozando, assim, 20 dias de descanso e sendo bonificado pelos dez dias restantes.

Férias coletivas

Todos os empregados de uma empresa ou os funcionários de alguns setores determinados pelo empregador poderão receber férias de forma coletiva. Em geral, as empresas optam pelas férias coletivas para reduzir gastos com funcionários temporários (para cobertura de férias) ou porque a empresa trabalha em um ramo muito sazonal (produz e vende mais em um período específico do ano).

Quem determina se as férias serão coletivas ou individuais e quando devem ser concedidas é o empregador, embora a legislação autorize negociações entre empregados e empregadores.

Para a concessão de férias coletivas, o empregador deve, com pelo menos 15 dias de antecedência:
- comunicar o Ministério do Trabalho e Emprego ou órgão local que o represente a opção por conceder férias coletivas, informando as datas de início e término das férias e, se necessário, quais setores da empresa serão contemplados;
- informar o sindicato representativo da categoria sobre a comunicação feita ao Ministério do Trabalho e Emprego;
- informar todos os empregados que serão afetados pelas férias coletivas sobre o período em que serão concedidas, afixando avisos no local de trabalho.

Férias proporcionais

Também chamadas de férias indenizadas, as férias proporcionais não se referem a um período em que o trabalhador poderá descansar, mas ao pagamento em dinheiro que deve ser feito ao empregado em caso de término do contrato de trabalho. Em outras palavras, trata-se de uma indenização paga ao trabalhador pelo período em que prestou serviços, mas não pôde usufruir o descanso por não ter completado o período aquisitivo.

Pagamento de férias vencidas

As "férias vencidas" são aquelas que se referem ao período aquisitivo já completado e que não foram ainda concedidas ao empregado; caso o contrato de trabalho seja extinto, o empregado tem o prazo de dois anos, contados de sua extinção, para ingressar com processo judicial na Justiça do Trabalho para receber o pagamento de férias proporcionais que não foram pagas. Se o trabalhador estiver empregado, mas o empregador não permitiu o período de descanso (férias), o prazo para requerer a concessão de férias é de cinco anos, contados a partir do fim do período concessivo e não do período aquisitivo.

Licença-maternidade

A licença-maternidade é um direito de afastamento remunerado (salário-maternidade) do trabalho, assegurado a toda gestante por um período de 120 dias, podendo iniciar até 28 dias antes do parto, ou após o parto.

Segundo a Constituição Federal, toda gestante também tem direito à estabilidade no emprego. Essa estabilidade se inicia com a confirmação da gravidez e perdura por cinco meses após o parto, tendo como objetivo impedir dispensas arbitrárias ou sem justa causa.

A licença-maternidade possibilita a recuperação física e emocional da mulher após o parto e permite que a mãe possa estabelecer vínculos afetivos, oferecendo os devidos cuidados ao recém-nascido. A licença é assegurada da mesma maneira – e pelo período integral previsto em lei – em casos de parto antecipado (prematuro). Além disso, também têm direito à licença-maternidade e ao salário-maternidade as mães por ocasião da adoção ou da guarda judicial para fins de adoção; nesses casos, o pagamento é feito pela Previdência Social.

Desde setembro de 2008, no serviço público, a licença-maternidade foi estendida de 120 para 180 dias. Assim, segundo a nova lei, as empresas públicas são obrigadas a afastar a gestante por 180 dias de suas funções. As empresas privadas, por sua vez, estão livres para aderir à decisão de estender o direito à licença por mais 60 dias para suas funcionárias; a adesão, portanto, é facultativa. No entanto, as empresas privadas que optam por estender o prazo da licença-maternidade ficam responsáveis por pagar o salário e a contribuição previdenciária de suas funcionárias durante o período de afastamento e poderão descontar esse valor do Imposto de Renda. Em agosto de 2010, o Senado Federal aprovou a ampliação do direito de licença de 180 dias para a iniciativa privada. A proposta seguiu para a Câmara dos Deputados, onde precisa ser aprovada em dois turnos. Se aprovada, todas as gestantes, independente de serem funcionárias públicas ou privadas, terão direito a 180 dias de afastamento.

Direito à amamentação

A legislação brasileira estabelece que toda gestante tem o direito de fazer dois intervalos especiais, de 30 minutos cada, durante a jornada de trabalho, para amamentar seu filho, até que ele complete seis meses de vida. Esse direito está previsto no art. 396 da CLT (Consolidação das Leis do Trabalho).

Dispensa

Dispensa é o ato pelo qual se coloca fim a uma relação de trabalho, ou seja, é a extinção do contrato de trabalho e das relações de emprego. A dispensa pode ocorrer com ou sem justa causa, por decisão do empregado ou do empregador ou, ainda, de forma coletiva (vários empregados), geralmente motivada por problemas financeiros, econômicos e administrativos da empresa.

Demissão ou dispensa arbitrária ou sem justa causa

A demissão ou dispensa sem justa causa é aquela em que não houve nenhum tipo de falta grave por parte do empregado. Por isso, a lei prevê algumas verbas rescisórias e indenizações compensatórias para o funcionário que foi demitido desse modo, entre elas:
- remuneração pelos dias em que trabalhou e ainda não recebeu (o chamado "saldo de salários");
- décimo terceiro salário proporcional ao período trabalhado;
- férias proporcionais com acréscimo de um terço do valor a receber referente às férias;
- aviso-prévio no valor da última remuneração;
- seguro-desemprego, caso tenha trabalhado por (no mínimo) seis meses;
- saque dos valores do Fundo de Garantia do Tempo de Serviço (FGTS);
- indenização de 40%, calculada com base no valor acumulado no FGTS durante o tempo de trabalho, com correção monetária e incluindo valores que eventualmente tenham sido sacados durante a vigência do contrato de trabalho.

Demissão ou dispensa por justa causa

Esse tipo de demissão ocorre quando há atitudes faltosas do empregado que comprometem a confiança e a boa-fé na relação de trabalho, tornando impossível a continuidade do vínculo. Assim, um trabalhador que viole as condições estabelecidas no contrato de trabalho, que tenha condutas pessoais incompatíveis com as que lhe são exigidas ou pratique atos que atentem contra a lei e a moral pode ser demitido por justa causa. Conheça alguns casos em que isso ocorre.

Abandono de emprego: caracterizado pela ausência do empregado ao serviço por mais de 30 dias, sem autorização ou justificativa para as faltas. O abandono pode ser caracterizado antes desse período se ficar demonstrada a intenção de que o trabalhador não pretende mais voltar à função.

Ato lesivo à honra e à boa fama: ofender a honra do empregador ou de terceiro relacionado ao serviço com gestos ou expressões, como palavras de baixo calão ou xingamentos, constituem atos lesivos à honra e à boa fama.

Condenação criminal: se o trabalhador se envolver em algum ato criminoso e não receber suspensão condicional da pena, o empregador pode demiti-lo por justa causa. Nesse caso, a condenação criminal não pode ser mais recorrível.

Desídia: trabalhar com desídia é o mesmo que fazê-lo com negligência, sem vontade. Caracteriza-se por ato faltoso e repetitivo, por exemplo faltas injustificadas, impontualidade constante, tarefas imperfeitas, entre outras condutas que demonstrem relapso.

Embriaguez: o consumo de bebidas alcoólicas ou entorpecentes no ambiente de trabalho ou de forma habitual fora dele, mas cujos efeitos da embriaguez ou do entorpecimento transpareçam no desempenho da função e comprometam o rendimento do trabalhador, pode levar à demissão por justa causa.

Improbidade: furto, roubo e falsificação de documentos para receber horas extras ou justificar faltas são algumas ações que caracterizam a improbidade, que significa qualquer ato que prejudique o patrimônio da empresa e indique malícia ou imoralidade.

Direitos na demissão por justa causa

O empregado demitido por justa causa tem direito a receber os salários que ainda não lhe foram pagos pelos dias efetivamente trabalhados, horas extras pendentes (se houver), e férias vencidas com acréscimo de um terço (se houver). No entanto, o trabalhador demitido por justa causa perde o direito ao décimo terceiro salário proporcional, às férias proporcionais, ao saque do FGTS pela rescisão e sua indenização de 40%, ao aviso-prévio e ao seguro-desemprego.

Incontinência de conduta: o assédio sexual é o principal exemplo de incontinência de conduta; ou seja, é um comportamento incompatível com a moral sexual.

Indisciplina: é a desobediência às ordens gerais do serviço. Exemplo: sair do local de trabalho durante o expediente sem avisar o chefe e sem justificativas relevantes e urgentes.

Insubordinação: enquanto a indisciplina diz respeito a ordens gerais (que servem a todos os funcionários) que não foram seguidas, a insubordinação acontece quando o empregado não atende às ordens pessoais, dirigidas exclusivamente a ele.

Mau procedimento: é o comportamento incompatível do empregado com a conduta exigida no trabalho – que não pode ser enquadrado nas demais alíneas do artigo 482 da CLT, por exemplo, o tráfico de drogas.

Negociação habitual: consiste no ato de o funcionário negociar "por fora" os seus serviços, aproveitando-se do trabalho que presta a um empregador, o que configura concorrência desleal. No entanto, para que o empregado seja demitido por justa causa, é preciso que as negociações sejam habituais, ou seja, ocorram com frequência.

Ofensa física: é a agressão física contra superiores, empregadores, colegas ou terceiros que ocorre no local de trabalho ou em outro ambiente, mas cuja motivação esteja ligada ao trabalho.

Prática constante de jogos de azar: jogos de azar são aqueles que vão contra as leis do país. No Brasil, jogo do bicho, apostas em corridas de cavalos em locais não autorizados e rifas não autorizadas fazem parte dessa categoria. No entanto, a demissão por justa causa só pode acontecer se ficar provado que o empregado participa desses jogos constantemente.

Violação de segredo: divulgar sem autorização segredos da empresa, como fórmulas, invenções e métodos de trabalho.

Pedido de demissão

A comunicação feita pelo empregado ao empregador de que não pretende mais dar continuidade ao contrato de trabalho caracteriza o pedido de demissão. Em regra, deve ser feito por escrito e com alguma antecedência. O trabalhador deve cumprir o aviso-prévio para que o empregador possa encontrar outro empregado para a vaga, salvo se o empregador liberá-lo dessa obrigação.

O empregado também pode se demitir pela chamada dispensa indireta, que é a rescisão do contrato por parte do empregado quando ele foi afetado por uma justa causa praticada pelo empregador, por exemplo exigir do trabalhador serviços além de suas forças, forçar o funcionário a praticar atos contrários à lei ou tratá-lo com rigor excessivo, de maneira diferente da qual são tratados os demais funcionários.

Aviso-prévio

O aviso-prévio é a comunicação (aviso) que o empregado ou o empregador (dependendo de quem manifeste a vontade de rescindir o contrato de trabalho) deve fazer para encerrar a relação de trabalho sem justa causa. Esse comunicado serve ainda para determinar por quanto tempo o funcionário deverá exercer a função. Cabe ao empregador pagar ao empregado o salário integral desse período trabalhado, incluindo as horas extras.

O aviso-prévio é exigido apenas nos contratos de prazo indeterminado (artigo 487, da CLT), pois, no caso dos contratos por prazo determinado, como o próprio nome deixa claro, o prazo para a extinção do contrato já foi previamente estabelecido.

Embora não tenha forma prevista em lei, sendo um ato informal que pode ser comunicado de maneira verbal ou escrita, o mais comum é que o empregado ou empregador interessado em rescindir o contrato entregue uma carta de aviso-prévio.

Se no decorrer do aviso-prévio empregado e empregador, de comum acordo, optarem por não mais encerrar a relação de trabalho, o contrato segue normalmente, não sendo necessário novo contrato.

E se não houver aviso-prévio?

Se o empregado não cumprir o aviso-prévio, o empregador tem o direito de reter o saldo do salário (artigo 487, parágrafo 2º, da CLT) no valor correspondente aos dias que o funcionário deveria ter trabalhado. Caso o empregador não tenha feito o aviso-prévio, ele fica obrigado a pagar ao empregado o salário correspondente aos dias trabalhados e que seriam equivalentes ao período de aviso (artigo 487, parágrafo 1º, da CLT).

O empregador também pode dispensar o funcionário do cumprimento do aviso-prévio, mas terá de pagar o salário referente ao período que seria trabalhado, e esse tempo deverá constar na Carteira de Trabalho e Previdência Social como tempo efetivamente trabalhado.

Duração e redução de jornada

A Constituição Federal de 1988 (artigo 7º, inciso XXI) generalizou o prazo do aviso-prévio em no mínimo 30 dias, alcançando também os semanalistas e os diaristas. Quanto ao aviso-prévio proporcional, a regra depende de regulamentação legal, não sendo aplicável por ora.

Outro aspecto importante desse tema é que, quando o aviso-prévio for cumprido por dispensa do empregador (e não por pedido de demissão do empregado), a jornada de trabalho deve ser reduzida para duas horas por dia, sendo facultado ao empregado a redução em sete dias corridos (artigo 488, parágrafo único, da CLT).

Seguro-desemprego

O seguro-desemprego é uma assistência ou benefício temporário oferecido pelo governo ao trabalhador demitido sem justa causa, para que ele possa ter uma garantia de remuneração por um período mínimo em que precisará de auxílio financeiro enquanto busca novo emprego.

Todo trabalhador com carteira assinada e, consequentemente, contribuinte da Previdência Social, demitido sem justa causa tem o direito de receber o seguro-desemprego. Para isso, no momento da demissão, o trabalhador deverá receber o "Formulário para Requerimento do Seguro-Desemprego" para que possa solicitar o benefício em uma agência da Caixa Econômica Federal ou nos postos de atendimento credenciados, como Poupatempo, Delegacia Regional do Trabalho (DRT), Postos de Atendimento ao Trabalhador (PAT) e postos do Ministério do Trabalho e Emprego (MTE). O documento será analisado e o pedido pode ser aceito ou negado. Apenas poderão solicitar o benefício os trabalhadores que não tenham outra fonte de renda para o próprio sustento e de sua família.

Alguns aspectos do seguro-desemprego

O valor do seguro-desemprego corresponde à média dos últimos três salários recebidos pelo trabalhador, não podendo ser inferior ao salário-mínimo;

O pagamento do seguro pode variar de três até cinco parcelas, dependendo do tempo de trabalho nos últimos 36 meses;

Quem trabalhou e comprovar vínculo empregatício de no mínimo seis meses e, no máximo, 11 meses nos últimos 36 meses receberá três parcelas do seguro-desemprego;

Quem trabalhou e comprovar vínculo empregatício de, no mínimo, 12 meses e, no máximo, 36 meses receberá quatro parcelas do seguro-desemprego;

Já o trabalhador que prestou mais de 24 meses de serviço nos últimos 36 meses e comprovar o vínculo terá direito a cinco parcelas do seguro-desemprego;

Trabalhadores domésticos têm direito ao seguro-desemprego desde que estejam inscritos no FGTS e comprovem:
- Ter trabalhado como empregado doméstico pelo menos quinze meses no últimos 24 meses.
- Estar inscrito como Contribuinte Individual da Previdência Social e possuir, no mínimo, 15 contribuições ao INSS.
- Ter, no mínimo, 15 recolhimentos ao FGTS como empregado doméstico.
- Não estar recebendo nenhum benefício da Previdência Social, exceto auxílio-acidente e pensão por morte.

Faltas

As faltas justificadas (previstas em lei, convenção coletiva de trabalho, regulamento da empresa ou contrato individual) são aquelas cuja necessidade é comprovada pelo trabalhador, não podendo alterar o valor da remuneração e os demais direitos do empregado.

A lei (artigo 473 da CLT) especifica quais são as faltas que podem ser justificadas:
- até dois dias consecutivos em casos de falecimento do cônjuge, ascendente, descendente, irmão ou dependente econômico declarado em Carteira de Trabalho e Previdência Social;
- até três dias consecutivos em virtude de casamento (do próprio empregado);

- por cinco dias, para o pai, em caso de nascimento de filho; a falta só pode ser justificada se ocorrer na primeira semana do nascimento;
- por um dia, em cada 12 meses de trabalho, em caso de doação voluntária de sangue devidamente comprovada;
- até dois dias (consecutivos ou não) para fins de alistamento eleitoral;
- no período necessário para alistamento militar;
- nos dias em que o empregado estiver, comprovadamente, realizando provas de exame vestibular para ingresso em estabelecimento de ensino superior;
- por motivo de doença comprovada por atestado médico;
- pelo tempo que se fizer necessário, quando tiver de comparecer a juízo;
- pelo tempo necessário para participar, na qualidade de representante sindical, de reunião oficial de organismo internacional do qual o Brasil seja membro.

Fundos e garantias

Previdência Social

A Previdência Social é um seguro social, ou seja, uma segurança que o trabalhador tem de que, se perder sua capacidade de trabalhar provisoriamente (exemplos: acidente, doença, maternidade etc.) ou permanentemente (exemplos: aposentadoria por invalidez, velhice, morte etc.), pode garantir uma fonte de renda para seu sustento e de sua família.

Para ter direito a esse seguro, é necessário contribuir regularmente com o Instituto Nacional do Seguro Social (INSS), que recebe as contribuições dos trabalhadores e paga o benefício àqueles que têm o direito e se encontram em situação de usufruí-lo.

Todos os trabalhadores com carteira assinada são, obrigatoriamente, contribuintes e, consequentemente, assegurados da Previdência Social. No entanto, trabalhadores que não têm registro na carteira de trabalho podem filiar-se como contribuintes individuais (exemplos: empresários, autônomos etc.) ou facultativos (exemplos: donas de casa, estudantes etc.).

Previdência privada

Caso o trabalhador não queira se filiar à Previdência Social estatal ou deseje, além da contribuição que já faz ao INSS, adquirir outro seguro, pode optar pela previdência privada, também chamada de "previdência complementar". Oferecida por bancos ou seguradoras, esse tipo de previdência tem o valor de contribuição estipulado pelo próprio trabalhador, e o dinheiro acumulado poderá ser sacado a qualquer tempo, desde que sejam pagos os impostos e taxas fixados no contrato.

FGTS

O Fundo de Garantia do Tempo de Serviço é um instrumento que busca garantir indenização em dinheiro ao trabalhador demitido sem justa causa. Para formar esse fundo, o empregador deve depositar mensalmente, em nome de seus empregados, um valor que corresponda a 8% do salário do funcionário. Esse percentual tem aplicação na remuneração recebida pelo empregado, tal como no salário mensal e também nas horas extras, décimo terceiro salário, aviso-prévio, adicionais por trabalho noturno, periculosidade e insalubridade etc.

Confira as situações em que o valor depositado no FGTS pode ser sacado pelo titular da conta ou, em caso de morte, pelos herdeiros:
- despedida sem justa causa;
- rescisão do contrato de trabalho por extinção total da empresa (falência, morte do empregador empresário individual) ou supressão de parte de suas atividades, fechamento de quaisquer de seus estabelecimentos, filiais ou agências, decretação de nulidade do contrato de trabalho (artigo 37 da Constituição Federal, quando mantido o salário); aposentadoria concedida pela Previdência Social;

- trabalhador com idade igual ou superior a 70 anos;
- falecimento do trabalhador: nesse caso, os valores devem ser pagos aos dependentes do trabalhador falecido;
- pagamento de parte das prestações de financiamento habitacional ou imobiliário, se a conta do FGTS permanecer por três anos ininterruptos sem depósitos;
- o trabalhador não empregado que permanecer três anos seguidos fora do regime do FGTS, cujo afastamento tenha ocorrido a partir de 14/07/1990;
- rescisão antecipada ou extinção do contrato de trabalho temporário ou a termo;
- se o trabalhador ou qualquer de seus dependentes for acometido de câncer;
- se o trabalhador for portador de HIV ou possuir dependente portador do vírus;
- estágio terminal em decorrência de doença grave, ou que possua dependentes nessa situação;
- necessidade pessoal decorrente de desastre natural por chuvas ou inundações;
- culpa recíproca (do empregador e do empregado) da rescisão do contrato de trabalho, normalmente decidida pela justiça do trabalho;
- motivo de força maior (rescisão do contrato de trabalho por um fato imprevisível, incêndio, por exemplo);
- outras situações de emergência que a legislação autorizar.

Multa em demissão

Caso o trabalhador seja demitido sem justa causa, o empregador deverá ainda pagar uma multa de 40% sobre o valor do saldo atualizado de sua conta do FGTS. Esse acréscimo é chamado de "multa fundiária". O empregador que não fizer o depósito na data prevista pagará juros de 1% ao mês e multa de 20% do valor que deveria ter sido depositado.

Abono do PIS

O Programa de Integração Social (PIS) é um abono salarial pago aos trabalhadores que estejam empregados, no valor de um salário mínimo, sendo concedido uma vez ao ano. Têm direito ao abono do PIS os empregados cadastrados no PIS-Pasep há, no mínimo, cinco anos, e trabalhadores que receberam salário médio de dois salários-mínimos. Não têm direito ao benefício os trabalhadores urbanos e rurais vinculados a pessoas físicas, empregados domésticos e menores aprendizes.

> ### Diferença entre PIS e Pasep
>
> Há certa confusão com os termos PIS e Pasep. O PIS é destinado a empregadores e empregados da iniciativa privada, e o Pasep aos servidores públicos. Pasep significa Programa de Formação do Patrimônio do Servidor Público.

Como receber

Para sacar o dinheiro do abono do PIS, basta ir a uma agência bancária com a Carteira de Trabalho e Previdência Social e o comprovante de inscrição no PIS-Pasep. É obrigação do empregador incluir seu funcionário na lista do PIS-Pasep. De acordo com o Ministério do Trabalho, se a empresa estiver cadastrada na Caixa Econômica Federal ou no Banco do Brasil, o pagamento é efetuado diretamente na conta do trabalhador.

Para saber a data de recebimento do benefício é preciso se dirigir a uma agência da Caixa Econômica Federal ou acessar o site www.caixa.gov.br. Caso não esteja cadastrado no PIS/Pasep, o trabalhador deve solicitar ao empregador o seu registro.

Acidentes de trabalho

Perda ou redução, permanente ou temporária, da capacidade do empregado para o trabalho, que ocorrer pelo exercício de sua função na empresa, é considerada acidente de trabalho. Casos mais graves, por exemplo, a morte resultante do exercício profissional, também se enquadram nessa categoria.

É obrigação do empregador zelar pela segurança e saúde dos empregados no ambiente de trabalho. Caso ocorra um acidente, o empregador deve preencher a Comunicação de Acidente do Trabalho (CAT) e encaminhá-la ao Ministério do Trabalho e Emprego, além de oferecer todo o atendimento médico necessário e orientar o trabalhador sobre como receber o benefício do Instituto Nacional do Seguro Social (INSS). Caso o empregador não preencha a Comunicação de Acidente do Trabalho, o próprio trabalhador pode procurar auxílio do INSS ou solicitar ao sindicato de sua categoria o preenchimento e encaminhamento do CAT.

Se o acidente de trabalho tiver ocorrido por culpa do empregador, o trabalhador pode propor ação na Justiça do Trabalho para receber indenização por danos materiais, físicos e morais.

Auxílio-acidente

Em caso de acidente de trabalho cujas sequelas impossibilitem o trabalhador de continuar a exercer sua função, a vítima tem direito a receber o auxílio-acidente, desde que contribua para a Previdência Social. Esse benefício tem o valor de 50% do salário e deve ser pago até a aposentadoria por idade ou por tempo de contribuição.

Assédio moral

Existem várias situações que podem configurar um caso de assédio moral. Quando um funcionário é, por exemplo, isolado no ambiente de trabalho ou forçado, de alguma forma, a pedir demissão, tem-se um caso de assédio moral. Outra situação é aquela em que um chefe ou superior despreza constantemente um funcionário na frente dos colegas ou lhe atribui tarefas claramente impossíveis de serem realizadas. Enfim, palavras, gestos, comportamentos e atitudes repetitivos que demonstram conduta abusiva no ambiente de trabalho em relação a determinado trabalhador e afetam a integridade emocional, psíquica ou física de uma pessoa podem representar casos de assédio moral. Veja outros exemplos:

- acusações sem fundamento dirigidas ao empregado (pelo empregador) ou ao empregador (pelo empregado);
- empregador fornecer informações inverídicas para desqualificar um ex-empregado;
- publicação de aviso de abandono de emprego em órgão de imprensa sem aviso ao trabalhador, quando o empregador tem ciência de onde reside o empregado;
- perseguições com finalidades libidinosas e/ou sexuais;
- empregador espalhar boatos contra o empregado;
- divulgação de "listas negras", com nomes de empregados;
- tratamento desrespeitoso e/ou vexatório, como revista/inspeção corporal;
- acusações sem fundamentos de prática de atos criminosos como improbidade (ato ilegal, contrário aos princípios do emprego).

Assédio sexual

"Cantadas" explícitas ou insinuações constantes, de caráter sensual ou sexual, podem ser caracterizadas como assédio sexual, tais como piadas e comentários maliciosos, atitudes de intimidação, recusa de promoção ou ameaça de demissão associadas à recusa de favores sexuais.

O assédio sexual não ocorre apenas do empregador(a) (patrão, chefe) para empregados(as) subordinados(as), podendo ser configurado também de um(a) empregado(a) contra colega de trabalho e, embora mais raro, de empregado(a) para superior(a) hierárquico(a).

O que fazer nesses casos?

Em primeiro lugar, o empregado assediado deve manifestar-se contrário à atitude de quem o está assediando, deixando claro que não aprova tal atitude. Caso a situação se agrave, contar aos colegas e avisar o superior hierárquico do assediador (se houver) são formas de provar o assédio, quando o problema tiver de ser resolvido na Justiça. É possível, ainda, denunciar o assédio ao sindicato da categoria e, por fim, se não houver outra saída, apresentar uma queixa em qualquer delegacia ou em uma Delegacia da Mulher (quando a pessoa assediada for do sexo feminino). Em casos de assédio sexual, a vítima pode pedir indenização por danos morais. O artigo 216 do Código Penal prevê ainda a pena de detenção de um a dois anos para quem "constranger alguém com o intuito de obter vantagem ou favorecimento sexual (...)".

Direito sindical

Todos os trabalhadores e empregadores pertencentes ao mesmo grupo profissional e de mesma ou similar atividade econômica (categoria profissional) têm o direito de unir interesses, esforços e responsabilidades para defender seus direitos profissionais. O sindicato é a forma mais comum de organização dos trabalhadores, embora existam outros sujeitos coletivos. É importante ressaltar que o Poder Público não pode interferir nem intervir nas organizações sindicais, sendo proibida até mesmo a exigência prévia de autorização do Estado para sua fundação (artigo 8°, inciso I, da Constituição Federal).

A CLT, em seu artigo 544, estabelece que a sindicalização é livre, ou seja, o trabalhador tem autonomia para decidir se deseja filiar-se ao sindicato que representa sua categoria profissional.

Os sindicatos têm diversas atribuições (artigos 513 e 514 da CLT). Confira as principais:
- representar os interesses gerais da respectiva categoria ou interesses individuais dos associados perante as autoridades administrativas e judiciárias;
- celebrar convenções coletivas de trabalho;
- eleger ou designar os representantes da respectiva categoria profissional;
- colaborar com o Estado no estudo e solução de problemas relacionados com a respectiva categoria;
- manter serviços de assistência judiciária para os seus associados;
- promover a conciliação nas negociações (dissídios) de trabalho.

Direito de greve

A greve é uma paralisação coletiva e temporária do trabalho que tem como objetivo reivindicar e negociar assuntos de interesse dos trabalhadores, geralmente aumento salarial, novas condições de trabalho, entre outros. O direito de greve é uma garantia prevista no artigo 9º da Constituição Federal de 1988 e diz o seguinte: "É assegurado o direito de greve, competindo aos trabalhadores decidir sobre a oportunidade de exercê-lo e sobre os interesses que devam por meio dele defender".

Vale lembrar que a lei também estabelece que os responsáveis por eventuais abusos cometidos em greves estarão sujeitos às penas da lei.

Embora seja um direito, a greve deve seguir algumas condições para que não possa ser considerada ilegal. Primeiramente, uma greve só pode ser preparada após a obrigatória tentativa de negociação. Caso não haja acordo com o empregador, a greve deve ser deliberada em assembleia geral convocada pelo sindicato da categoria. Por fim, a greve deve ser avisada à entidade patronal ou aos empregadores com 48 horas de antecedência (aviso-prévio de greve); a greve "surpresa" é considerada ilegal.

A greve não é proibida para empregados de serviços essenciais (assistência médica e hospitalar, telecomunicações, abastecimento de água e distribuição de energia etc.), mas o aviso-prévio para o empregador deve ser feito com antecedência de 72 horas. Além disso, os usuários dos serviços precisam ser avisados e, durante a greve, o sindicato da categoria, os empregadores e os trabalhadores devem garantir os serviços essenciais à sobrevivência, à saúde e à segurança da população.

Saiba mais

CARRION, Valentin. *Comentários à Consolidação das Leis do Trabalho*. 27. ed. São Paulo: Saraiva, 2002.

LEITE, Carlos Henrique Bezerra. *Curso de Direito do Trabalho*. v. II, 3. ed. Curitiba: Juruá, 2002.

MARQUES, Fabíola; ABUD, Cláudia José. *Direito do Trabalho*. 6. ed. São Paulo: Atlas, 2010.

MARTINS, Sérgio Pinto. *Direito do Trabalho*. 16. ed. São Paulo: Atlas, 2002.

NASCIMENTO, Amauri Mascaro. *Iniciação ao Direito do Trabalho*. 34. ed. São Paulo: Ltr, 2009.

Sites de apoio

Governo Federal – Seção Para o Trabalhador:
<www.brasil.gov.br/para/trabalhador>

Secretarias Especiais de Juventude e Emprego vinculadas ao Ministério do Trabalho e Emprego:
<www.mte.gov.br>